| 지구조각 | k.chae™

아바나

여행자와 여행 사진가는 다르다.

여행자는 그 여행의 순간 자체가 중요하지만,
사진가에게 중요한 것은
그 순간이 아닌 그 순간을 가두는 일이다.

여행자는 다시는 오지 않을 그 순간을
마음속에 담으면 되지만,
사진가는 그 순간을 프레임 속에 담아야 하는
사람이기 때문이다.

그 순간을 사진으로 만들어 그 감동을
다른 사람들에게 전이시켜주는 사람이기 때문이다.
나는 그래서 사진가를 두고 영원을 위해
순간을 포기해야 하는 사람들이라고 표현한다.

나에게 있어 사진은 곧 여행이었다.

세계를 여행하며 또 그렇게 사진을 담아가며
각각의 다른 도시 또 다른 나라의 사진들이
모두 하나로 연결되는 느낌을 받았다.

서로 다른 문화를 가졌고 전혀 다른
사람들이 살고 있지만 하나씩 맞추어 보았더니
결국에는 모두가 지구의 한 조각이었던 것이다.
그 조각들을 하나둘 맞춰 나갈수록 사진들은
의미가 더해져서 우리가 사는 이 지구라는 행성의
다큐멘터리가 되었다.

그렇기에 내가 담은 여행의 흔적들은
단지 어느 한 나라의 사진이 아니다.
지구의 한 조각이자 내가 가진 지구와의 인터뷰,
지구의 꾸밈없는 포트레이트다.

순간을 멈추어 당신 앞으로 가져온 이 사진들이
당신의 눈앞에서 해빙되어
내가 느낀 감정들을 온건히 전해줄 수 있기를.

나의 사진을 통해
당신만의 지구 조각을 발견하기를 바라면서.

지구 어딘가에서,
케이채 K. Chae

K. Chae
Blog http://chaekit.com
Email chaekit@gmail.com

조각을 담아온 곳

쿠바의 아바나 (Havana)
그리고 트리니다드 (Trinidad),
비냐레즈 (Vinarez)

A´LDEA
cayo hueso
LA HABANA CUBA
2011
878

HAVANA, CUBA

HDW467

금방이라도 무너져내릴 듯한 폐허와도 같은 건물들.

그 사이를 뚫고 오래된 클래식 카를 타고 매연을 뿜으며 달린다.

말레꼰이 모습을 드러내고 아름다운 노을로써

아바나는 나에게 미소 지었다.

그녀는 조금 나이가 들었지만 듣던 소문만큼 아름다웠다.

그날 밤, 나의 숙소 옆 골목에서는 거리 파티가 열렸다.
스피커로 음악을 크게 틀고 동네 사람들이 모두 몰려와 춤추고 노래했다.

덕분에 새벽 늦게까지 잠들 수 없었지만, 그 소란이 싫지 않았다.

그렇게 아바나는 나를 열렬히 환영해주었다.

Bienvenidos a Havana!

164
TALLER
VOSTOK III

629

GRANIZADO
RESO

Por ella.

그녀를 위해서에요.

MUSEO

골목골목 쿠바인들은 너에게 말을 걸 거야.

한 명 두 명 만나다 보면 너도 금세 알아차리겠지만,
아바나의 사람들은 모두 시가 공장에 다닌다고 해.

럼 가격을 기막히게 쳐줄 수 있는 친구를 알고 있지.

부에나 비스타 소셜 클럽의 공연이
오늘만 특별히 열린다고 매일 말하기도 해.

하지만 그렇다고 너무 짜증 내지는 마.
그들은 단순히 말동무가 필요했었을 뿐이야.

무엇을 사지 않아도 돈을 주지 않아도

대화에 응해주고 작은 농담으로 웃게 해주면

그것만으로 그들은 악수를 청하며

너의 여행에 행운을 빌어 줄 테니.

"한국에서 왔다고?

먼 곳에서 온 친구를 위해 내가 한 곡 불러주지!"

boys
GRUPO
"LOS PIN
GRUPO
"LOS PIN

La Pequeña de Zanja

ZANJA
ZANJA

LA´IDEA
cayo hueso
2011
878

"La Metropolitana"

Nº13 Las

LLVVIA DE ORO

YARA
HOY FILME BRASILERO DIR CHICO TEXEIRA LA CASA DE ALICIA CON CARLA RIBAS VINICUS ZINN RICARDO VALACA

A750

PIERRE SAGGINAT

Todo por la revolución

"이것이 당신이 꿈꿔온 혁명의 끝은 아니겠죠?"

다 무너져가는 올드 아바나의 건물 사이로 그려진 체 게바라의 초상화를 바라보며 묻다.

TAXI

Bodega
El Almacén
HORARIO
7:00 AM 11:00 AM 3:00 PM 7:00 PM
7:00 AM 11:00 AM 2:40 PM 6:00 PM

혼자서도 재밌게 놀 수 있어.

하지만 가장 친한 누군가와 **함께** 라면 더 재밌겠지?

450
NO

친한 친구들이 **모두 함께** 라면

더더욱 재밌을 거야!

아바나의 거리는 그렇게 늘 아이들의 놀이터로 변한다.

HGJ600

카메라 앞에서.

좀 더 커버리면 찍히는 것을 귀찮아한다.

조금 자라면 멋있는 폼을 잡으려고 하고.

아주 어릴 땐 그저 신기해 웃고.

PROTEGEME

헤밍웨이가 글을 썼던 호텔방을 방문한 뒤

41-33
FROM 'FOR WHOM THE BELL TOLL

라 보데기따 델 메디오에 들러 모히또를 마시고

LA BODEGUITA DEL MEDIO

Havana Club
El Ron de Cuba

엘 플로리따로 자리를 옮겨 다이끼리를 마신다.

해가 지고 술잔은 하나씩 더 늘어만 가고

흥거운 밴드의 연주는 절정을 향해간다.

헤밍웨이, 당신도 지금 같이 듣고 있나요?

ATLAS
NACIONAL
DE
CUBA
ADIOS A LAS ARMAS
BANCO NACIONAL DE CUBA
DOSAL

BUZON
REPUBLICA
DE
CUBA
CORREOS

BROWNIE
TARGET

CUBA
271697
CUBA
CUBA
PDL671
CUBA
F5716P
CUBA
171624
CUBA
PDL571
CUBA
TFL716
CUBA
ULF169
CUBA
C27169
FAR
CUBA
TDL671
CUBA
T21679
CUBA
L261
TAXI
CUBA
FLT716
CUBA
T71692
TRINIDAD
CUBA
CUBA
HFL169
CUBA
TLF671
CUBA
NFL721
TRINIDAD
TAXI
CUBA
H91624
FAR
CUBA
PDL691
CUBA
721696
CUBA
TFL316

EMPRESA
H-06074E
CUBA
HF-22680
CUBA
Don
CUBA-GRAFICA

ATLAS DE CUBA
LIFE

헌책들과 아바나는 어쩐지 무척 닮아 있는 것 같아.

화려했던 과거가 있지만, 지금은 무척 낡아 버렸다는 것도,

하지만 낡아 버린 그 모습도 과거 못지않게 **아름답다**는 사실까지도!

CUBA

허름한 입구. 다 찢어진 링과 관중석.

애틀랜타 올림픽 메달리스트라고 자랑스럽게 얘기하는

코치의 말이 거짓으로 들릴 만큼 열악한 환경.

하지만 시간이 멈춘듯한 쿠바라고는 해도, 아이들의 꿈은 멈추지 않고 자라나고 있었다.

k.chae

| Havana, Cuba |

제이제가 사진을 통해 들려주는 이야기들을 따라
아바나와 쿠바를 여행하고자 할 때 꼭 알아야 할 것들.

Malecon ; 말레꼰

우리가 아바나라고 하면 떠올리는 가장 흔한 이미지 해변 도로 앞 방파제에 파도가 크게 치고 그 앞으로 아메리칸 클래식 카들이 지나가는 모습을 볼 수 있는 것이 바로 말레꼰이다. 의외로 파도는 대부분 잔잔해서 파도치는 모습을 보는 것이 쉽진 않지만, 그 바다를 바라보고 있는 것만큼 내가 쿠바에 왔구나! 하는 확신을 주는 일도 없다. 해 질 녘에는 노을이 아름답고, 해가 진 후에는 어둡지만 친구들 혹은 연인들과 바다를 즐기러 온 아바나 사람들과 편하게 어울릴 수 있는 장소이기도 하다.

헌책 마켓

아르마스 광장(Plaza De Armas)에서는 매일 아바나에서 가장 큰 헌책 시장이 열린다. 외국과의 교류가 끊긴 쿠바답게 진귀한 오래된 책들을 자주 볼 수 있는데 특히 체 게바라와 관련된 다양한 책들이 인기. 아바나에서 책을 사고 싶다면 정작 건질 것이 별로 없는 실제 책방보다 이 마켓을 찾을 것. 사지 않아도 구경하는 재미가 쏠쏠하다.

Mojito & Daiquiri ; 모히또 & 다이끼리

아바나에서 모히또와 다이끼리를 마시지 않는다면 진정한 아바나 여행을 했다고 할 수 없을 터. 어니스트 헤밍웨이 또한 즐겼던 이 두 종류의 술은 아바나 어디에서나 쉽게 마실 수 있지만, 특히 헤밍웨이가 즐겨 찾았던 라 보데기따 데 메디오와 엘 플로리따를 빼놓을 수 없다. '내 모히또는 보데기따에서, 내 다이끼리는 엘 플로리따에서'라고 말한 것으로 유명한 이 두 곳에서 헤밍웨이를 떠올리며 한 잔씩 음미해보자.

Gimnasio de Boxeo Rafael Trejo ; 라파엘 트레호 복싱 경기장

아바나의 다른 볼거리에 가려져 있지만 올드 아바나에 위치한 라파엘 트레호 복싱 경기장은 올림픽 메달을 꿈꾸는 복싱 꿈나무들을 볼 수 있는 곳이다. 폐허나 다름없는 링과 관중석이지만 가끔 경기가 있는 날이면 동네 사람들이 가득 모여든다. 경기가 없는 날에도 젊은 복싱 선수들이 연습하는 장면을 참관해 볼 수 있다.

케이채 지구조각
아바나 **Havana**

2011년 12월 1일 1쇄 발행

지은이 케이채 (K.Chae / 채경완)
펴낸이 김세환
편집인 신선영
기 획 김세환

디자인 **WORK**Sharp Creative LAB 이승아
펴낸곳 **WORK**Sharp Creative LAB
주 소 서울시 종로구 가회동 1-34
전 화 02 546 1815
팩 스 02 546 1884
홈페이지 www.unlimitedseoul.com
출판등록 2007년 1월 22일 제 300-2010-144 호

출력, 인쇄 애드샵

판매문의 에디터 02 753 2700

값 14,500원

ISBN 978-89-960326-2-5 13980